O PROCESSO DO CAPITÃO
DREYFUS

Copyright desta edição © 2020 by Edipro Edições Profissionais Ltda.

Título original: *O processo do capitão Dreyfus*. Publicado pela primeira vez no Brasil pela Typographia Leuzinger em 1896 como parte da obra *Cartas de Inglaterra*, de Ruy Barbosa. Traduzido com base na 1ª edição.

Todos os direitos reservados. Nenhuma parte deste livro poderá ser reproduzida ou transmitida de qualquer forma ou por quaisquer meios, eletrônicos ou mecânicos, incluindo fotocópia, gravação ou qualquer sistema de armazenamento e recuperação de informações, sem permissão por escrito do editor.

Grafia conforme o novo Acordo Ortográfico da Língua Portuguesa.

1ª edição, 2020.

Editores: Jair Lot Vieira e Maíra Lot Vieira Micales
Coordenação editorial: Fernanda Godoy Tarcinalli
Produção editorial: Carla Bitelli
Preparação e edição de textos: Marta Almeida de Sá
Assistente editorial: Thiago Santos
Revisão: Thiago de Christo
Diagramação: Estúdio Design do Livro
Capa: Matheus Rocha/Studio DelRey

Dados Internacionais de Catalogação na Publicação (CIP)
(Câmara Brasileira do Livro, SP, Brasil)

Barbosa, Ruy, 1849-1923.
    O processo do capitão Dreyfus / Ruy Barbosa ; introdução de Arnaldo Sampaio de Moraes Godoy. – São Paulo : Edipro, 2020.

    ISBN 978-65-5660-018-5 (impresso)
    ISBN 978-65-5660-019-2 (e-pub)

    1. Dreyfus, Alfred, 1859-1935 – Processos, litígios, etc. I. Godoy, Arnaldo Sampaio de Moraes. II. Título.

20-41399   CDD-343.1

Índice para catálogo sistemático:
1. Processo penal : Direito penal 343.1

Cibele Maria Dias – Bibliotecária – CRB-8/9427

São Paulo: (11) 3107-7050 • **Bauru:** (14) 3234-4121
www.edipro.com.br • edipro@edipro.com.br
@editoraedipro   @editoraedipro

O livro é a porta que se abre para a realização do homem.

Jair Lot Vieira

RUY BARBOSA

O PROCESSO DO CAPITÃO
DREYFUS

Introdução
ARNALDO SAMPAIO DE MORAES GODOY
Livre-docente da Faculdade de Direito da Universidade de São Paulo (USP),
professor visitante na Faculdade Nacional de Nova Delhi (Índia),
na Universidade de Berkeley (EUA), na Universidade de Pretória (África do Sul)
e no Instituto Max-Planck, de Frankfurt (Alemanha). Ph.D. em Direito
Comparado pela Universidade de Boston, em Direito Constitucional pela
Pontifícia Universidade Católica do Rio Grande do Sul (PUC-RS), em Literatura
e em História do Direito (ambos pela UnB). Foi procurador da Fazenda Nacional
(1993) e procurador-geral adjunto da Fazenda Nacional (de 2015 a 2016).
Vencedor do prêmio Capes de melhor orientação de tese em Direito (2018).

SUMÁRIO

SUMÁRIA BIOGRAFIA DE ALFRED DREYFUS **9**

RUY BARBOSA, UMA BREVE HISTÓRIA **15**

INTRODUÇÃO,
por Arnaldo Sampaio de Moraes Godoy **25**

O PROCESSO DO CAPITÃO DREYFUS **45**

SUMÁRIA BIOGRAFIA DE ALFRED DREYFUS

Alfred Dreyfus nasceu em Mulhouse, na Alsácia, em 1859. Seu pai, Raphaël Dreyfus, era um bem-sucedido comerciante têxtil. A família judaica prosperava na cidade, mas, em 1870, viu-se obrigada a mudar-se para Paris. Havia estourado a Guerra Franco-Prussiana, e a região da Alsácia-Lorena foi anexada pela Alemanha. A experiência traumática acabou influenciando a decisão do jovem Alfred de seguir a carreira militar. Em 1877, ele ingressou na Escola Politécnica de Paris. A instituição é, até hoje, uma das mais prestigiadas escolas de elite na França, voltada à preparação para a carreira militar. Alfred graduou-se em três anos e assumiu o posto de subtenente do exército francês em 1880. Nos dois anos seguintes, recebeu treinamento especializado em artilharia na escola de artilharia de Fontainebleau. Após a formatura, foi lotado em Le Mans, no Trigésimo Primeiro Regimento de Artilharia.

Em 1885, Alfred passou ao oficialato do exército francês. Promovido ao posto de tenente, foi transferido para a bateria de artilharia montada da Primeira Divisão de Cavalaria de Paris. Durante quatro anos, ele serviu ao destacamento, até ser apontado como ajudante do diretor do Établissement de Bourges, um arsenal do governo. No mesmo ano, foi promovido ao posto de capitão.

Nessa época, conheceu Lucie Eugénie Hadamard, com quem se casaria em abril de 1891 e teria dois filhos, Pierre e Jeanne. Três dias depois do casamento, recebeu a notícia de admissão na Escola Superior de Guerra. Alfred formou-se em 1893 como o nono da classe e com uma menção honrosa. Foi designado, então, como *trainee* na sede do Estado-Maior do exército francês. Alfred era o único oficial judeu na sede.

Sua origem judaica já incomodava superiores havia algum tempo. Ainda na Escola Superior de Guerra, em 1892, teve suas notas rebaixadas de forma acintosa. Um dos avaliadores, o general Bonnefond, deu a Dreyfus notas ruins em "simpatia". A suspeita de discriminação se confirmava, pois o general havia feito o mesmo com outro candidato judeu, o tenente Picard. Ao tomarem conhecimento da injustiça, Dreyfus e Picard apresentaram um protesto à direção da escola. Apesar de expressar seus lamentos pelo ocorrido, o diretor da instituição, o general Lebelin de Dionne, afirmou que não tinha nenhum poder para impedir a avaliação.

O protesto se voltaria contra ele no ano seguinte à sua entrada como *trainee* no Estado-Maior. Ao ser descoberta uma operação de espionagem que estaria repassando informações da artilharia francesa para o exército alemão por intermédio de espiões infiltrados no Estado-Maior, as suspeitas imediatamente recaíram sobre Dreyfus, conforme é apresentado nesta edição.

Em 1895, numa corte marcial, Alfred Dreyfus foi destituído de seu posto e enviado à prisão na Ilha do Diabo, colônia penal francesa no Caribe. Em 1896, novas evidências da inocência de Dreyfus foram apresentadas pelo tenente-coronel Georges Picquart, que acabou silenciado pelo Estado-Maior e enviado para um posto avançado no deserto da Tunísia.

Um segundo julgamento de Dreyfus só viria a ser realizado em 1899. Mesmo contra todas as evidências, o oficial judeu foi novamente declarado culpado por traição. No entanto, o vazamento das informações de sua inocência pela imprensa já criavam uma grande pressão pública por sua absolvição. Por esse motivo, a corte militar diminuiu sua sentença para dez anos e convenceu Dreyfus a não apelar da decisão, para que fosse libertado.

Sua inocência só seria reconhecida em 1906, quando foi readmitido pelo exército no posto de major e tornado cavaleiro da Legião de Honra. Dreyfus se aposentou no ano seguinte. Em 1908, em uma cerimônia de remoção das cinzas de Émile Zola — um dos intelectuais que defendiam sua inocência —, sofreu um atentado de um extremista. O jornalista Louis Gregori atirou contra o oficial, ferindo-o no braço.

Apesar da aposentadoria, acabou sendo reintegrado ao exército em 1914, durante a Primeira Guerra Mundial. Dreyfus serviu ao exército durante todo o conflito, recebendo a promoção ao posto de tenente-coronel. Ele comandou uma coluna de suprimentos de artilharia e atuou na linha de frente em Verdun e no Chemin des Dames.

Faleceu em 1935. O cortejo de seu funeral passou pela Praça da Concórdia, em Paris, em meio às tropas reunidas para o feriado do Dia da Bastilha. Foi enterrado no cemitério de Montparnasse. Duas estátuas de Dreyfus segurando sua espada quebrada estão localizadas hoje na saída da estação de metrô Notre-Dame-des-Champs e no pátio do Museu de Arte e História Judaica de Paris, respectivamente.

RUY BARBOSA, UMA BREVE HISTÓRIA

Ruy Barbosa nasceu em Salvador, capital do estado da Bahia, em 5 de novembro de 1849. Filho único de João José Barbosa de Oliveira e de Maria Adélia Barbosa de Oliveira. Para compreender a trajetória de Ruy, que se tornaria um dos maiores expoentes do direito e da política nacional, antes é preciso conhecer o papel que seu pai teve em vida.

João José Barbosa formou-se em medicina, mas dedicou sua vida à política. Em 1837, ainda um estudante universitário e por influência do primo e futuro cunhado Luís Antônio Barbosa de Almeida, interrompeu o curso para tomar parte na Sabinada.[1] O movimento buscava

---

1. A Sabinada foi uma revolta autonomista de caráter separatista transitório que ocorreu de 6 de novembro de 1837 a 16 de março de 1838 na Província da Bahia, à época do Brasil Imperial. Seus líderes foram o médico e jornalista Francisco Sabino (daí o seu nome) e o advogado João Carneiro da Silva. (N. E.)

uma autonomia temporária da Bahia até que o imperador D. Pedro II alcançasse a maioridade. Fez parte dos muitos movimentos autonomistas que tomaram o Brasil no período, como a Revolução Farroupilha no Sul e a Cabanagem no Pará.

Tais movimentos, muitas vezes, continham um caráter liberal, inspirado na Revolução de 1830, que derrubou a Dinastia dos Bourbon, na França, e agitava a Europa. João José Barbosa construiu, assim, sua formação política. Era também um homem voltado à educação e à cultura. Essas credenciais o levaram a assumir a Instrução Pública da Bahia. Em 1846, apadrinhado pelo cunhado Luís Antônio, membro do Partido Liberal, assumiu o posto de deputado provincial.

As aspirações liberais do pai, miradas principalmente na tradição inglesa, e sua dedicação ao estudo, à leitura dos clássicos e à pesquisa influenciaram sobremaneira o jovem Ruy. Em casa, recebia lições de piano e oratória, lia os clássicos portugueses e preparava-se para a vida acadêmica. Em 1854, aos 5 anos, foi encaminhado ao professor Antônio Gentil Ibirapitanga. Segundo o mestre, em quinze dias ele já sabia ler e conjugar com perfeição os verbos regulares.

Sete anos depois, começaria o curso ginasial. Como o pai era diretor da Instrução Pública, Ruy foi matriculado no Ginásio Baiano, sob a direção, à época, de Abílio Borges, um homem ligado à moderna educação liberal, responsável por abolir o uso da palmatória nos colégios baianos. Destacou-se no ginásio; concluiu o curso de humanidades como o primeiro de sua turma. Em seu discurso de formatura, com o pai na plateia, defendeu os anseios juvenis pelo Modernismo liberal.

Com apenas 15 anos e sem ainda poder ingressar na faculdade, dedicou o ano seguinte ao estudo de alemão em casa e à leitura das obras jurídicas e médicas do pai. Os versos tristes e melancólicos que escrevia à época expressam um jovem sobrecarregado pelos estudos.

Em 1866, matriculou-se na Faculdade de Direito do Recife, uma das mais prestigiosas instituições do país. A princípio, foi morar no Mosteiro de São Bento, em Olinda, mas logo mudou-se para uma pensão inglesa na capital de Pernambuco. Era nítida sua admiração pela tradição inglesa, assim como ocorria com seu pai. Na faculdade, participou da Associação Acadêmica Abolicionista.

Neste ponto de sua vida, há divergências de historiadores a respeito do motivo que acabou levando Ruy a transferir-se para a Faculdade de Direito de São Paulo em 1868. Fontes apontam que uma nota baixa em uma matéria jurídica feriu o orgulho de seu pai e levou Ruy a um conflito com o professor, o que culminou com sua transferência. Outros historiadores defendem que a mudança era algo comum à época, tendo outros estudantes célebres realizado o mesmo movimento de iniciar os estudos em Recife e concluir o curso na capital paulista.

Em São Paulo, Ruy dividiu a classe com Rodrigues Alves, Afonso Pena, Joaquim Nabuco e Castro Alves, entre outros estudantes que teriam grande papel no cenário político e cultural nacional. O ambiente era prolífico para as aspirações modernistas de Ruy. De acordo com Gilberto Freyre, os bacharéis de São Paulo trouxeram outra perspectiva de desenvolvimento ao Brasil, substituindo o patriarcado rural tradicional por um movimento urbano com fortes influências europeias.

Na Faculdade de Direito de São Paulo, efervescida pelos debates e ideais modernizadores, Ruy ingressou na associação literária Ateneu Paulistano e no Clube Radical, que defendia valores como as eleições diretas dos presidentes das províncias, o voto universal e o direto e a abolição da escravatura. Ruy mergulhara de cabeça no que hoje é chamado

Geração de 1870: um crescente grupo de jovens estudantes que se vincularam à formação extra-acadêmica por meio de jornais, da literatura, da poesia e do teatro, engajados em grêmios literários e políticos e participantes de sociedades secretas e lojas maçônicas. Eram bacharéis voltados ao liberalismo e apegados ao estilo e à oratória. Foi nessa época que Ruy ingressou no jornalismo, passando a escrever no *Radical Paulistano*. Publicou defesas do ensino livre, da abolição da escravatura e das eleições diretas.

Os grandes discursos começaram a construir a imagem pública de Ruy Barbosa. Ainda em 1870, orador na loja maçônica América, apresentou e defendeu um projeto que forçava os maçons a libertar o ventre de suas escravas — o não cumprimento das promessas que ouviu neste dia acabaram o desligando da maçonaria anos depois. Graduou-se em São Paulo e retornou à Bahia. Em 1875, tornou-se famoso seu protesto contra o serviço militar obrigatório, calcado nas ideias de liberdade individual do filósofo John Locke. No mesmo ano, atraiu a revolta do clero ao defender publicamente a peça *Os lazaristas*, considerada anticlerical. Em 1876, discursou para o embaixador do Chile em defesa das liberdades individuais e da separação entre Igreja e Estado.

Foi também em 1876 que conheceu a jovem Maria Augusta Viana Bandeira, de quem ficou noivo no mesmo ano, após uma disputa com o amigo Rodolfo Dantas pela mão da moça. Por influência da noiva, mudou-se para a Corte, no Rio de Janeiro, onde passou a advogar no escritório de Souza Carvalho. Começou a escrever, então, no jornal *A Reforma*, que criticava o Partido Conservador.

Em 1877, Ruy retorna a Salvador e assume a direção do *Diário da Bahia*, de propriedade do pai de seu amigo Rodolfo Dantas. Com o Partido Liberal em alta e por influência do proprietário do *Diário da Bahia*, Manuel Dantas, ingressou na Câmara Baiana e, no ano seguinte, no Parlamento do Império. Era um momento de ascensão dos liberais ao poder, em que saíram do ostracismo jovens políticos como Ruy. Sua fama como orador crescia na política.

Deixou o parlamento em 1884. Candidatou-se novamente ao cargo em 1885 e em 1886, porém, sem êxito. Fora da Câmara, dedicou-se à advocacia e ao jornalismo, assumindo o cargo de redator-chefe do *Diário de Notícias* em 1889. Com o advento do movimento republicano, tornou-se um grande defensor do regime federativo, inspirado pelos Estados Unidos da América. Com isso, começou a afastar-se do Partido Liberal. Acabou aceitando, em novembro de 1889, o convite para ingressar no Partido Republicano. A queda da monarquia e a instauração da república se dariam poucos dias depois, com Ruy Barbosa tratado como mentor intelectual dos revolucionários, de acordo com alguns historiadores. A convite do Marechal Deodoro da Fonseca, primeiro presidente da República, Ruy tornou-se ministro da Fazenda.

Como ministro, foi ousado: abandonou o lastro padrão--ouro,[2] ampliou as emissões de papel-moeda e alterou o

---

2. O padrão-ouro, também chamado de lastro ouro, foi o sistema monetário cuja primeira fase vigorou desde o século XIX até a Primeira Guerra Mundial. A teoria pioneira do padrão-ouro, chamada de teoria quantitativa da moeda, foi elaborada por David Hume em 1752, sob o nome de "modelo de fluxo de moedas metálicas", e destacava as relações entre moeda e níveis de preço (base de fenômenos da inflação e deflação). De acordo com a teoria aplicada ao comércio internacional e conforme os dizeres do economista René Villarreal, "os países superavitários sofreriam processos inflacionários, enquanto nos países deficitários os preços se moveriam em sentido inverso, até que se restabelecesse o equilíbrio".

Cada banco era obrigado a converter as notas bancárias emitidas em ouro (ou prata) sempre que solicitado pelo cliente. A introdução de notas bancárias sem esse lastro causou escândalos na França. Com o padrão-ouro, utilizado principalmente pela Inglaterra, o sistema conseguiu estabilidade e permaneceu até o término da Primeira Guerra Mundial. Em alguns países periféricos, o sistema não foi adotado por se achar que a presença desses países e de seus regime das sociedades anônimas. Depois de graves crises e uma violenta inflação, entretanto, acabou deixando o governo em 1891. No ano seguinte, reelegeu-se senador pela Bahia e assumiu a direção do *Jornal do Brasil*.

Em meio à sua saída, atritos do presidente com o parlamento acabaram resultando no golpe que levou o marechal Floriano Peixoto à presidência. Ruy, de início, apoiou o novo presidente. Entretanto, Floriano iniciou um processo de deposição de governadores que apoiavam Deodoro, incluindo o governador da Bahia. Ruy posicionou-se contra o governo, questionando sua legitimidade — Floriano, ao contrário do que estabelecia a Constituição, não instaurou novas eleições após a deposição de Deodoro. O presidente decretou estado de sítio após um manifesto de generais que exigiam essas eleições, encarcerando diversos opositores.

---

problemas de financiamento desestabilizariam o sistema. Dessa forma, a circulação de papel-moeda foi feita pelo chamado sistema de "curso forçado". No Brasil, o sistema foi adotado de um modo imperfeito, durante o Segundo Reinado e no início da República Velha (durante o governo de Campos Sales). Em termos internacionais, o padrão-ouro significou a adoção de um regime cambial fixo por parte de praticamente todos os grandes países comerciais de sua época. Cada país se comprometeu em fixar o valor de sua moeda em relação a uma quantidade específica de ouro, e a realizar políticas monetárias, de compra e venda de ouro, de modo a preservar tal paridade definida. (N. E.)

Ruy Barbosa impetrou diversos *habeas corpus* pela libertação desses prisioneiros.

A liberdade de Ruy Barbosa passa a ser ameaçada. Com o aumento da tensão política e um novo decreto de estado de sítio no país, Ruy decide deixar o país. Disfarçado de explorador inglês, refugiou-se durante toda a noite entre as sacas de trigo de um moinho próximo ao cais. Tomou, então, um navio para Buenos Aires, permanecendo no país por seis meses. Em seguida, rumou para Portugal e, depois de três meses, para Londres.

Foi lá que escreveu as *Cartas de Inglaterra*, das quais faz parte a defesa ao capitão Dreyfus exposta nesta edição. Ruy retornaria ao país apenas em 1895. Reeleito senador pela Bahia, voltou também ao jornalismo, passando a publicar pelo jornal *A Imprensa*.

Em 1907, ganhou a alcunha de Águia de Haia, após uma conferência com personalidades da diplomacia mundial. Em 1909, candidatou-se à presidência, sendo derrotado pelo Marechal Hermes da Fonseca. Numa tarde de 1923, Ruy faleceu em Petrópolis, onde convalescia em consequência de uma pneumonia. Foi sepultado em Salvador, na Bahia, na galeria subterrânea do Palácio da Justiça.

INTRODUÇÃO

O processo do capitão Dreyfus, de autoria de Ruy Barbosa, foi redigido na Inglaterra, por volta de 7 de janeiro de 1895. Ruy vivia, então, em Londres, num autoexílio que resultou de sua oposição a Floriano Peixoto. Ruy Barbosa participou do movimento republicano, ainda que movido menos pela oposição a Dom Pedro ii do que por sua inquebrantável adesão ao federalismo. No entanto, não tolerou quando Floriano afastou-se dos ideais que motivaram a adesão de Ruy ao republicanismo. Ruy foi personagem fundamental na vida política brasileira. Advogado vigoroso, literato, político de convicções firmes, simboliza o bacharelismo brasileiro em toda a extensão positiva dessa figura: foi um homem de ação. Revelou-se também como um patrono judiciário das instituições democráticas.[1]

---

1. Nogueira, Rubem. *História de Rui Barbosa*. Rio de Janeiro: Casa de Rui Barbosa, 1999, p. 151 ss.

Homem de princípios, entretanto, foi acusado de apostasias, a exemplo de ter abandonado a monarquia constitucional em favor do republicanismo.[2] Justificou suas posições em permanente participação na imprensa. Jornalista também, ele era sobretudo um educador.[3] Atuou em diversas áreas, protagonizando um papel de legítimo defensor das liberdades. Ruy Barbosa foi central na construção do texto da Constituição Republicana de 1891. À sua influência na tradição constitucional brasileira, deve uma quase absoluta adesão às fórmulas institucionais americanas, a exemplo do presidencialismo, do bicameralismo, da igualdade de representação, do laicismo, do controle de constitucionalidade pelo Judiciário, do dogma da irretroatividade das leis, da intangibilidade dos direitos e das garantias, bem como, principalmente, do federalismo. O texto constitucional de 1891, ainda que derivado de uma Assembleia Nacional Constituinte, é boa parte fruto das intervenções de Ruy e de sua proximidade com Deodoro da Fonseca, com quem

---

2. Borja, Célio. *As idéias políticas de Rui Barbosa*. Rio de Janeiro: Casa de Rui Barbosa, 1994, p. 5.

3. Machado, Maria Cristina Gomes. *Rui Barbosa: pensamento e ação*. Rio de Janeiro: Casa de Rui Barbosa, 2002.

discutiu recorrentemente o projeto. Ruy foi um organizador da República,[4] e, nesse sentido, sua autoridade se projeta em nossos arranjos institucionais contemporâneos.

É também de Ruy Barbosa, entre outros, o Decreto nº 1, de 15 de novembro de 1889, que proclamava provisoriamente como forma de governo a República Federativa com o nome de Estados Unidos do Brasil. Segue, na maioria dos atos oficiais, o nome de Ruy Barbosa,[5] a exemplo do Decreto nº 6, que estabelecia o sufrágio universal (não extensivo às mulheres), e do Decreto nº 181, que promulgava a lei sobre o casamento civil.

Com a renúncia de Deodoro e com a posse de Floriano, Ruy passou à oposição. Impetrou *habeas corpus* em favor de vários presos políticos. É peça central na chamada doutrina brasileira do *habeas corpus*,[6] por intermédio da qual constrói-se o mandado de segurança para tutela de direitos

---

4. Madeira, Marcos Almir. *O outro Rui Barbosa*. Rio de Janeiro: Casa de Rui Barbosa, 1994, p. 6.

5. Casa de Rui Barbosa. *Cronologia da vida e da obra*. Rio de Janeiro: Casa de Rui Barbosa, 1999, p. 80.

6. Cândido, Christine Dias. *Marcas ideológicas no discurso de Rui Barbosa: o instituto do habeas corpus e o contexto político brasileiro*. Rio de Janeiro: Casa de Rui Barbosa, 2005.

fundamentais, fora da ordem necessariamente criminal, que é o campo clássico do *habeas corpus*.[7] Advogado militante, Ruy levou questões políticas para o Judiciário, judiciando como político muito antes de esse conceito tornar-se um lugar-comum na doutrina do direito público.

Disfarçado de turista inglês, ele tomou um navio para a Argentina. Estabeleceu-se em Buenos Aires, com residência na Calle Cerrito. Regressou para o Brasil, mas não desembarcou, retornou para a Argentina. Em 1894, partiu com a família para Lisboa. Em junho desse mesmo ano, rumou para a Inglaterra. Admirador da vida inglesa,[8] cujos hábitos políticos tentara introduzir no Brasil,[9] Ruy acompanhou com atenção os acontecimentos, tomando conta do rumoroso caso Dreyfus, que agitou a França. Voltou em julho de 1895.

Ao que consta, Ruy havia lido todos os documentos do caso Dreyfus, impressionando-se, especialmente, com a crueldade da cerimônia de degradação militar que foi imposta

---

7. Galvão Júnior, João Carlos. *Rui Barbosa e a doutrina brasileira do habeas corpus*. Rio de Janeiro: Casa de Rui Barbosa, 2005.
8. Barbosa, Rui. *Correspondência*. Rio de Janeiro: Casa de Rui Barbosa, 1973, p. 165 ss.
9. Viana Filho, Luiz. *A vida de Rui Barbosa*. São Paulo: Martins Editora, 1965, p. 252.

ao acusado.[10] Ruy estava seguro de que Alfred Dreyfus fora injustamente processado e condenado. Ao lado de Émile Zola e de Anatole France, Ruy destacou-se como firme defensor do militar francês, que reconheceu o apoio e a força do brasileiro, enfatizando, em seu livro de memórias, a liberdade de espírito de nosso mais importante juspublicista.[11]

O CASO DREYFUS

Trata-se de um dos maiores erros judiciários da história, ocorrido em um dos momentos mais embaraçosos da Terceira República Francesa. Foi uma condenação baseada em documentos falsos. Tem-se um enredo marcado por lances sensacionais de nacionalismo, antissemitismo, controle da jurisdição militar, manipulação de provas, revanchismo, parcialidade da imprensa, controle da opinião pública, entre tantos outros assuntos.[12]

---

10. Senna, Homero. *Uma voz contra a injustiça: Rui Barbosa e o caso Dreyfus*. Rio de Janeiro: Casa de Rui Barbosa, 2004, p. 15.

11. Dreyfus, Alfred. *Souvenirs et correspondence*. Paris: Bernard Gasset, 1936, p. 279-281. Um excerto desse livro foi publicado em Homero Senna, cit., p. 89 ss.

12. Para um relato pormenorizado do caso, conferir, por todos, Marcelo Roberto Ferro, Alfred Dreyfus, in NEVES, José Roberto de Castro (org.), *Os grandes julgamentos da história*, Rio de Janeiro: Nova Fronteira, 2018, p. 235-264.

Quanto às implicações políticas do caso, há aspectos que subsistiram no século xx e que de alguma forma persistem até hoje, como o antissemitismo e a desconfiança para com as regras da política e para com a máquina do Estado, por exemplo.[13] O caso Dreyfus ilustra o desespero de se usar politicamente o processo judicial sob o argumento de que a justiça seria governada por absoluta imparcialidade.[14] É um exemplo emblemático do que hoje se designa com o neologismo *lawfare*.

Os fatos se desdobraram a partir de setembro de 1894. Alfred Dreyfus, oficial do exército francês, judeu, de origem alsaciana, foi acusado de vender segredos militares franceses para os alemães. Dreyfus pertencia a uma família abastada, enriquecida com o comércio têxtil, que compartilhava ideais burgueses e que de algum modo resistiu a seu engajamento no exército. Um forte antissemitismo grassava na França em fins do século xix. Era senso comum que judeus não eram bem-recebidos no oficialato do exército francês. Dreyfus, no

---

13. Arendt, Hannah. *As origens do totalitarismo: antissemitismo, imperialismo, totalitarismo*. Tradução de Roberto Raposo. São Paulo: Companhia das Letras, 2002, p. 143.

14. Arendt, Hannah, op. cit., p. 141.

entanto, destacou-se como aluno, e posteriormente oficial aplicado, disciplinado e ilustrado. Foi acusado de espionagem e de alta traição.

Os fatos devem ser avaliados no contexto de fortíssima polarização que ocorria na França. De um lado, nacionalistas, reacionários, antissemitas, alinhados com o dogma da aproximação entre Igreja e Estado. De outro, progressistas, defensores do Estado laico, refratários a qualquer forma de xenofobia. A França estava dividida. Essa divisão decorria do antagonismo entre monarquistas e republicanos, entre ultramontanos e defensores do Estado laico, entre conservadores e progressistas.

Deve-se realçar um pano de fundo complicadíssimo, composto de um sistemático revanchismo contra os alemães, vitoriosos na guerra de 1870. A entrega da Alsácia-Lorena acelerou um processo de permanente aversão ao alemão. Um sentimento de desforra tomou conta dos nacionalistas franceses, que, na guerra de 1914, tiveram oportunidade de um acerto de contas. A rivalidade entre França e Alemanha também foi preponderante no contexto de acusações que atingiu o oficial Dreyfus.

Há indícios de uma espiã francesa que trabalhava junto à embaixada alemã em Paris: a famosa Madame Bastian.

Prestava serviços como faxineira. Recolhia o lixo de um adido militar alemão. Ao que consta, teve acesso a cartas comprometedoras, que indicavam a revelação de segredos militares franceses. Um grupo de peritos concluiu que a caligrafia era de Dreyfus. Ainda que nada mais substancial fosse encontrado (inclusive vasculharam a casa e os papéis de Dreyfus), acusou-se o oficial do crime de espionagem e alta traição. O chefe dos peritos era Paty dy Clam, um confesso antissemita. Conduziu-se um inquérito militar, que foi acompanhado de modo fervoroso pela imprensa. Estudada a questão, hoje, com o benefício do retrospecto, tem-se nítido o jogo jurídico que foi armado.

O caso foi julgado secretamente, a portas fechadas, a *hiut--clos,* como se diz em francês. Edgard Demange, advogado de Dreyfus, não teve acesso a vários documentos que incriminavam seu cliente. Demange era um profissional respeitado, vencera concursos de oratória, defendeu (e conseguiu a absolvição) de Pierre Bonaparte, que fora acusado de assassinar um líder republicano na França. Não conseguiu reverter a hostilidade que havia para com Dreyfus. A condenação foi unânime. Prisão perpétua com trabalhos forçados. As cartas estavam marcadas. O exército estava convencido de que se tratava de uma questão de Estado que deveria ser resolvida com a eliminação sumária de Dreyfus.

Alterou-se retroativamente a lei aplicável, determinando-se o cumprimento da pena na Ilha do Diabo (na Guiana Francesa) e não na Nova Caledônia, como originariamente previsto nessas condições. Dreyfus encontrou-se em condições insuportáveis. O clima quente e úmido, os insetos, as condições de alojamento e de alimentação, tudo indicava uma pequena possibilidade de sobrevivência.

Antes da partida para a Ilha do Diabo, Dreyfus foi submetido a uma humilhante cerimônia de degradação, que inflamou o ódio. Ele perdeu suas insígnias militares. Entregou seu sabre, que foi cortado ao meio. Essa trágica cerimônia realizou-se com a presença de cerca de quatro mil pessoas. Dreyfus foi insultado.

O irmão do acusado (Mathiew) e um destemido jornalista (Bernard Lazare) movimentaram-se com vistas a reverter a condenação. O também aguerrido tenente-coronel Georges Picquart pretendia rever o caso. O alto comando do exército não admitia a retomada do assunto. Afastaram Picquart, que havia comunicado aos oficiais que existiam provas que inocentavam Dreyfus.

Há indícios de que a caligrafia do documento que incriminava Dreyfus era de Ferdinand Esterhazy, que, levado a julgamento, foi absolvido. Esterhazy também era um oficial do exército francês que supostamente assumiu a um jornalista inglês a autoria do documento que incriminou Dreyfus. Ele era um nobre de origem húngara que, supõe--se, teria atuado como agente duplo. Sua participação na farsa foi deplorável.

Nesse ponto, interveio Émile Zola, por meio de uma carta endereçada ao presidente da França sobre a qual se comentará mais adiante. Um novo comandante no exército (Godefroy Cavaignac) decidiu rever a decisão, não obstante fortíssima pressão contrária a Dreyfus. Conclui-se que o chefe do serviço de estatística teria falsificado documentos. O falsificador se suicidou em seguida. A decisão que condenava Dreyfus foi anulada. Um novo julgamento foi marcado. Dreyfus retornou para a França a fim de enfrentar esse novo crivo. Foi então condenado a dez anos de prisão, a ser cumprida em estabelecimento militar. O julgamento foi proferido na cidade de Rennes. A imprestabilidade das provas persistia como uma ameaça à integridade moral das autoridades que condenavam. Em troca de não recorrer da decisão, Dreyfus foi indultado pelo presidente da França, Emile Loubet, que ao mesmo tempo anistiou todos os envolvidos na discussão. A reabilitação total de Dreyfus somente ocorreu em 1906. Ele faleceu em 1935.

A INTERVENÇÃO DE ÉMILE ZOLA

O escritor francês Émile Zola endereçou uma carta ao então presidente da França, Félix Faure, denunciando a farsa que se orquestrava contra Dreyfus.[15] A carta foi publicada em 13 de janeiro de 1898 no jornal *L'Aurore* e causou grande impacto na opinião pública, especialmente em virtude do prestígio de Zola. Era uma carta aberta.

Identificado com a tradição literária naturalista francesa,[16] seguidor de Balzac, Zola aplicava o método positivista na formação de seu estilo literário. Era um observador de fenômenos sociais, um escritor militante e engajado. A carta foi entregue ao então deputado Georges Clemenceau, que pertencia ao círculo dos defensores de Dreyfus, com pedido de publicação (Clemenceau era o diretor do jornal)

---

15. Disponível em: http://www.omarrare.uerj.br/numero12/pdfs/emile.pdf. Acesso em: 21 jan. 2020.

16. Plinval, G. de. *Histoire de la Littérature Française*. Paris: Hachete, 1930, p. 247.

e de entrega ao presidente.[17] Isso marcou uma virada inesperada no caso.

O escritor francês lembrava e agradecia a acolhida que o presidente lhe dera um dia. Observava que a glória do presidente estava ameaçada. Chegava a época da esperada Exposição Universal de Paris, que teve início em abril de 1900. Um triunfo nacional que o abominável caso Dreyfus ameaçava. Um conselho de guerra havia absolvido Esterhazy, que Zola apontava como o verdadeiro culpado. Enfatizava que tinha o dever de falar, não queria ser cúmplice. Temia que suas noites fossem assombradas pelo espectro de um inocente que expiava a mais horrenda das torturas por um crime que não havia cometido.

Apontou o coronel Paty du Clam como o autor da trama. Denunciou o erro judiciário que se fez com riqueza de pormenores. Condenou as audiências secretas. Observou que a acusação anunciara catorze pontos e que ao fim apenas apresentou um elemento: a carta falsa. Os peritos não chegaram a uma conclusão sobre a autoria da carta. Contra a autoridade

---

17. Aguirre, José Antonio. *Escritores y processos*. Buenos Aires: Didot, 2013, p. 98.

da coisa julgada, ainda que falsamente julgada, já não havia mais recursos. Tratava-se de um caso de burocracia militar do qual não se conseguia avançar para qualquer tentativa de obtenção de verdade.

Zola acusou Paty de Clam de ser o autor diabólico do erro judiciário. Acusou o general Mercier de ter se tornado cúmplice, por fraqueza de espírito, de uma das maiores injustiças do século. Acusou o general Billot de ter abafado as provas da inocência de Dreyfus. Acusou os generais Boisdeffre e Gonse de corporativismo. Acusou o general Pellieux e o major Ravary de terem realizado uma investigação monstruosamente parcial. Acusou os peritos em grafologia de terem redigido relatórios mentirosos. Acusou a burocracia militar de ter conduzido uma campanha abominável para ludibriar a opinião pública.

Lembrava que tinha consciência de que corria o risco de ser punido pela lei de informação e, ainda assim, insistia, expunha-se voluntariamente. Encerrava registrando que tinha somente uma paixão, a paixão pela luz, em nome da humanidade. O protesto inflamado era o grito de sua alma.

Zola foi processado por difamação, condenado a prisão (por um ano) e ao pagamento de multa. A sentença, no entanto, foi anulada. Anos depois, quando os restos mortais de Zola foram transferidos ao Panteão, Dreyfus acompanhou a cerimônia.

Comprovando que os fatos ainda não estavam cicatrizados na memória histórica francesa, Dreyfus foi vítima de um atentado, em que lhe balearam o braço. Sobreviveu.

A INTERVENÇÃO DE RUY BARBOSA

Ruy preocupou-se com o julgamento de Dreyfus e manifestou-se por meio de uma carta que redigiu em Londres. Essa carta foi publicada no *Jornal do Commercio*, bem como mais tarde num livro.[18] Esse texto é um exemplo clássico da atividade jornalística de Ruy e da forma esmerada e bem trabalhada como expunha suas ideias e convicções. É um texto memorável da reminiscência publicística brasileira.

O *Jornal do Commercio*, que publicou a carta de Ruy, circulava no Rio de Janeiro desde 1º de outubro de 1827, na rua da Alfândega, 47, inicialmente sob direção de Pierre Plancher.[19] Esse jornal também publicava atos oficiais, a

---

18. Barbosa, Ruy. *Cartas de Inglaterra*. Rio de Janeiro: Typographia Leuzinger, 1896.

19. Sodré, Nelson Werneck. *História da imprensa no Brasil*. Rio de Janeiro: Mauad, 1999, p. 109.

exemplo da exoneração do instituto dos meninos cegos, da nomeação de membros da comissão de terras, de inspetores da higiene dos portos, de professores públicos, de clínicos dos hospitais. Havia publicação de estatísticas médicas indicando-se o número de receitas de cada médico que atuava no Rio de Janeiro. Publicavam-se as datas de pagamentos dos variados ministérios. Um animado setor de classificados anunciava leilões de móveis, amas-secas, desaparecimento de papagaios, barcos que partiam ou que chegavam ao Rio de Janeiro. Era um importante e influente jornal. O texto de Ruy teve repercussão.

A carta de Ruy denunciava a terrível sentença que se impôs a Dreyfus. Apontava o julgamento que fora feito a portas fechadas. Um vexame para um país civilizado. Ruy incomodou-se com a cerimônia de degradação, a qual considerou atroz, humilhante e desnecessária, e a compreendeu como uma solenidade cruel que horrorizou a Europa. Um verdadeiro suplício em forma de tortura moral. Uma punição desumana, que denunciava como um espasmo de ódio insaciável o que ocorria na França. Ruy não admitia esse tipo de perseguição. Ainda que indiretamente, ele denunciava todas as formas de perseguição política que se viviam, com foco inclusive no Brasil, que então se submetia a desmandos políticos de toda ordem.

Inteirado da posição da imprensa internacional, Ruy citou excertos de diversos jornais, a exemplo do *Daily News*, do *Figaro*, do *Pall Mall*, do *Times*, da *Gazette*, do *Daily Graphic*. Ele enalteceu as qualidades e as potencialidades do acusado, que com vigor suportava todas as humilhações. Não havia nada concreto contra Dreyfus. Segundo Ruy, o injustiçado era um homem de hábitos simples que nunca empalideceu ou tremeu a voz, mesmo nas maiores adversidades. E foram muitas.

Dreyfus jurava inocência. Ruy advertia que na França não se podia sequer pôr em dúvida a culpabilidade do denunciado. A imprensa e a opinião pública haviam condenado Dreyfus. Para os donos da verdade, a traição de Dreyfus era um fato indisputado, ainda que não se tivesse um corpo de delito ou acesso a um processo justo. Para Ruy, o caso era "uma orgia pública de uma massa irresponsável". A França não aplicava as noções de direito cristão. Era uma vindicta individual. Uma condenação rancorosa. Um ato de capricho de autoridades militares que não sabiam como retroceder à dissimulação que engendraram.

Ruy acreditava que, se a França contasse em seu corpo de leis com a pena de morte, a condenação de Dreyfus seria imediata. Por outro lado, se Dreyfus fosse condenado à pena capital, nenhum oficial francês se sentiria seguro a partir de então. Não havia provas, estas não se encontravam no processo da verdade sonegada. Chantageou-se a opinião pública com ameaças à segurança nacional. Ressurgia um dever de hostilidade à Alemanha, uma inimiga antiga. Era um processo clandestino no qual toda a acusação fora baseada em um único documento, que fora subtraído por uma espiã que atuava em legação estrangeira.

A carta de Ruy teria sido uma das primeiras defesas públicas em favor de Dreyfus. Pode-se cogitar também que talvez Ruy tenha colhido um assunto como mote para demonstrar a superioridade de uma Inglaterra liberal sobre uma França prisioneira de um nacionalismo cego.[20] A França, país que se destacava como um nicho tradicional da defesa das liberdades, terra da revolução intelectual (o Iluminismo) e de uma revolução política (derrubada da monarquia absolutista),

---

20. Gonçalves, João Felipe. *Rui Barbosa, pondo as ideias no lugar*. Rio de Janeiro: Editora FGV, 2000, p. 88.

estava ameaçada por uma sequência de fatos que comprovavam um total afastamento de padrões civilizados de justiça.

Há uma inegável semelhança entre o destino de Dreyfus e as provações que Ruy então enfrentava. A oposição cerrada que Ruy fazia a Floriano, a destemida defesa de perseguidos políticos, o constante ataque sofrido por uma imprensa vendida eram situações aflitivas pelas quais Ruy passava e que identificavam sua trajetória com a tragédia do acusado que defendia.

No plano das ideias, a carta de Ruy revela-se como um libelo em favor da liberdade, da justiça, da integridade das instituições e do papel do intelectual na vida pública. É um texto de um brasileiro (então na oposição) autoexilado na Inglaterra (berço das liberdades civis) que criticava uma farsa judicial que ocorria na França (cuja história Ruy reverenciava).

A defesa de Ruy em favor de Dreyfus é também uma apologia em causa própria. Ruy creditava seu exílio, também marcado pelas dificuldades de ordem pessoal pelas quais passava, à arbitrariedade de um ditador disfarçado de republicano. A tragédia de Dreyfus era de algum modo um espelho da tragédia que Ruy vivia, ainda que em dimensões e escalas históricas e factuais distintas.

Ruy Barbosa compartilha com Zola uma força inquebrantável que radica em intelectos preparadíssimos, abrigados em almas elevadas, marcadas pela coragem e pela irredutível fé na justiça. Dreyfus reconheceu essa luta, na qual predica sua redenção.

Arnaldo Sampaio de Moraes Godoy

BIBLIOGRAFIA

AGUIRRE, José Antonio. *Escritores y processos.* Buenos Aires: Didot, 2013.

ARENDT, Hannah. *As origens do totalitarismo: antissemitismo, imperialismo, totalitarismo.* Tradução de Roberto Raposo. São Paulo: Companhia das Letras, 2002.

BARBOSA, Ruy. *Cartas de Inglaterra.* Rio de Janeiro: Typographia Leuzinger, 1896.

BARBOSA, Rui. *Correspondência.* Rio de Janeiro: Casa de Rui Barbosa, 1973.

BORJA, Célio. *As ideias políticas de Rui Barbosa.* Rio de Janeiro: Casa de Rui Barbosa, 1994.

CÂNDIDO, Christine Dias. *Marcas ideológicas no discurso de Rui Barbosa: o instituto do habeas corpus e o contexto político brasileiro.* Rio de Janeiro: Casa de Rui Barbosa, 2005.

Casa de Rui Barbosa. *Cronologia da vida e da obra.* Rio de Janeiro: Casa de Rui Barbosa, 1999.

DREYFUS, Alfred. *Souvenirs et correspondence.* Paris: Bernard Gasset, 1936.

FERRO, Marcelo Roberto Ferro. *Alfred Dreyfus,* in NEVES, José Roberto de Castro (org.), *Os grandes julgamentos da história,* Rio de Janeiro: Nova Fronteira, 2018.

GALVÃO JÚNIOR, João Carlos. *Rui Barbosa e a doutrina brasileira do habeas corpus.* Rio de Janeiro: Fundação Casa de Rui Barbosa, 2005.

GONÇALVES, João Felipe. *Rui Barbosa, pondo as ideias no lugar.* Rio de Janeiro: Editora FGV, 2000.

MACHADO, Maria Cristina Gomes. *Rui Barbosa: pensamento e ação.* Rio de Janeiro: Casa de Rui Barbosa, 2002.

MADEIRA, Marcos Almir. *O outro Rui Barbosa.* Rio de Janeiro: Casa de Rui Barbosa, 1994.

NOGUEIRA, Rubem. *História de Rui Barbosa.* Rio de Janeiro: Casa de Rui Barbosa, 1999.

SENNA, Homero, *Uma voz contra a injustiça:* Rui Barbosa e o caso Dreyfus. Rio de Janeiro: Casa de Rui Barbosa, 2004.

SODRÉ, Nelson Werneck. *História da imprensa no Brasil.* Rio de Janeiro: Mauad, 1999.

VIANA FILHO, Luiz. *A vida de Rui Barbosa.* São Paulo: Martins Editora, 1965.

O PROCESSO DO CAPITÃO
DREYFUS[1]

---

1. Londres, 7 de janeiro de 1895.

EIS AÍ UM FATO, de expressão quase trágica, sobre o qual se acaba de exercer distintamente a consciência dos dois povos que a Mancha separa: um, na maneira de resolvê-lo; o outro, na de considerá-lo. Decompostas através dele, como dois feixes diferentes de luz coados pelo mesmo prisma, destacam-se em matizes característicos certas qualidades de ordem moral, predominantes no espírito e na história das duas grandes nações.

Tudo quanto ressumbra das causas que geraram a terrível sentença resume-se na frase interrompida, em que madame Démange, ao abrir da audiência, declarou que a acusação inteira assentava exclusivamente em um documento contestado. A esta revelação do advogado, o oficial presidente lhe cortou a palavra, votou-se o *huis-clos*, e a instância imergiu no mistério, cujo termo é a condenação do acusado a penas de irresgatável infâmia.

Não me cabe descrever a cerimônia atroz da degradação militar, prelúdio feroz da expiação sobre-humana que se abriu ontem para o malfadado. Essa cruel solenidade horrorizou a Europa. Antes de se separar irremissivelmente da pátria, amaldiçoado pelos seus conterrâneos, para ir agonizar, sob o indelével ferrete, em remoto presídio penal, esse infeliz passou pelos tratos do mais tremendo suplício conhecido na história das torturas morais. O formidável espetáculo fora preparado com todos os requintes da encenação regulamentar. Quando o condenado entrou no quadrângulo da Escola Militar, as insígnias, que ainda sobressaíam na farda, já não figuravam ali senão por artifício convencional, como outros tantos estigmas no peito e na fronte daquele homem. O alfaiate substituíra de véspera as costuras por alinhavos; o cuteleiro partira e ressoldara a espada, que no outro dia se devia quebrar publicamente diante das tropas. A lenta e implacável pragmática esgotou no flagelado o cálice das afrontas possíveis. Se entre elas não figura o esbofeteamento, dir-se-ia que não é senão para poupar à mão do executor o vilipêndio do contato com o rosto do réprobo. Desde o quepe até as listras vermelhas das calças, um a um lhe caíram aos pés, arrancados por um subalterno, os emblemas da dignidade militar. Ficaram-no envolvendo apenas os restos negros e rotos da farda, imagem do luto pela honra que acabava de despir. Nesse miserável extremo ainda lhe coube a penitência de transpor as filas do quadrado; e, entregue então à polícia civil, submetido, como os criminosos comuns, à medição antropológica, passou das mãos dos seus camaradas às dos gendarmes, para acabar os dias em Nova Caledônia, entre a escória dos criminosos, onde a família irá respirar com ele o ar das galés.

Qualquer que fosse o crime daquele desgraçado, a rebuscada e caprichosa desumanidade dessa punição revolta profundamente o sentimento contemporâneo. Aqui o efeito foi de indignação e espanto. A repugnância ao escândalo por pouco se não transmudou em misericórdia e simpatia pelo aflito. "A cerimônia da degradação", escreve o senhor de Blowitz em um dos seus telegramas ao *Times*, "apresenta hoje em dia um espetáculo de aspecto bárbaro, do qual nenhuma lição se pode colher. É deplorável que se não pudesse pronunciar a pena de morte".

A *Pall Mall Gazette*, uma das folhas inglesas que mais reserva guardaram no tocante ao processo Dreyfus, soltou esta tarde os diques ao seu *humour* e à sua severidade nestas palavras: "Não há muito que a Europa metia à bulha o imperador da China pelo seu sistema obsoletamente bárbaro de punir arrancando botões ao acusado. Contudo, o contágio já se comunicou à França. Custa a perceber o proveito da repulsiva cena celebrada sábado na praça da Escola Militar. A degradação simbólica, nas leis militares, é uma relíquia da média idade, em que a investidura se operava também por um ritual solene. Compreendemos o clamor pela execução de espiões e traidores. Compreenderíamos, até, como recurso disciplinar, a eficácia e o valor de um aparato como esse, quando levado a efeito no campo de batalha. Mas, devemos confessá-lo, os pormenores da degradação, concebidos e postos por obra a sangue frio, meses após a perpetração do alegado crime e semanas depois da sentença proferida contra o infeliz, deixam-nos a impressão de uma penalidade quase materialmente idêntica à tortura.".

Dilacerante, como é, todavia, essa expiação no seu cortejo de circunstâncias terríveis, não conseguiu moderar, na França, o espasmo de ódio insaciável que agita contra o acusado todas as classes da população. "Até agora", observa o correspondente do *Daily News*, "não se imaginava a comoção de Paris, quando, há um século, ao reboar o grito de perigo da pátria, o rei e a rainha foram enviados ao cadafalso como cúmplices da invasão estrangeira". Mas as cerimônias da guilhotina nem sempre acabam entre bravos e palmas, como a execução do assassino de Carnot. Entre os espectadores do patíbulo há, muitas vezes, corações tocados de compaixão e olhos úmidos de lágrimas. Na turba que cercava de longe o suplício de Dreyfus só havia lampejos e acentos de ira. Tão miseranda é a sua sorte que a polícia, ao que se diz, terá de adotar precauções para lhe defender a vida contra a indignação patriótica dos calcetas. E, segundo o *Figaro*, quando o ex-oficial, saciado de opróbrio, ao passar pelos oficiais da reserva, renovou o seu protesto insistente de inocência, um deles cuspiu-lhe à face o epíteto de "Judas".

"Este episódio", telegrafa o correspondente do *Times*, "recorda-me o que se deu, no ano de 1871, em Bordeaux, quando a Assembleia ali trabalhava. O serviço de sentinelas fora confiado à guarda nacional, que aderira à república, e tinha em conta de reacionária a Assembleia. Uma vez, quando Thiers descia as escadas do teatro, onde ela funcionava, um guarda nacional gritou: '*Vive la république!*'. Thiers, com o olhar chispante, caminhou para o soldado, sacudiu-o pelo braço e, com o agudo peculiar da sua voz, ainda mais timbrada pela paixão, lhe bradou ao ouvido: '*On ne parle pas sous les armes!*'. Desconfio que ela teria dito o mesmo a este oficial da reserva, futuro guarda nacional".

Que faculdade sobre-humana deu àquele homem energia bastante para sobreviver às emoções incomportáveis dessa provação? A não se tratar de um miserável, bronzeado na fronte, calejado no coração pela prática habitual dos vícios que emasculam o caráter, e saturam de impudor os mais baixos vilões, só duas forças seriam capazes de forrar uma alma contra a abjeção incomparável daquela queda, contra o desespero inaudito daquele destino: a insânia ou a inocência. Ora, Dreyfus não tinha no seu passado uma nódoa, um traço duvidoso. Quinze anos de serviços imaculados e a alta posição de confiança, que ocupava no mais delicado ramo da administração da guerra, definem-lhe a fé de ofício. A superabundância dos seus recursos, a opulência de sua família, a simplicidade dos seus hábitos, a sua aversão ao jogo, a concentração exclusiva da sua vida particular nas afeições domésticas excluem a suspeita das seduções tenebrosas, que são frequentemente a explicação obscura dessas catástrofes da honra. De onde viria, pois, a tentação inexplicável que instantaneamente prostituiu aquele ornamento da sua classe, aquela nobre esperança dos seus concidadãos? Narram as testemunhas atentas do suplício que o executado não empalideceu nunca. Os passos não lhe vacilaram. Não lhe tremeu a voz. A cabeça esteve-lhe sempre ereta. Ao ver, de manhã, preparada a sua farda para a cerimônia, "Capitão", disse ele ao oficial presente, "estais sendo instrumento da maior injustiça deste século". Quando, ao empuxão do executor, o quepe lhe desceu sobre os olhos, a mão levantou-se-lhe como invocação de um inocente: "Por minha mulher e meus filhos", exclamou, "juro que sou inocente. Viva a França!". Aos apupos de um grupo de oficiais, "com admirável império sobre si mesmo", diz um jornalista, respondeu serenamente: "Fere, mas não insulteis. Eu sou inocente.". E, ainda ao sair, no momento em que os gendarmes lhe punham algemas, teve forças para dizer aos seus camaradas do 59 de infantaria: "Crede-me, senhores. Sou um mártir!".

A insistência desse protesto, com as circunstâncias que o distinguem, precedem e circundam, não tem analogia na crônica das hipocrisias do crime. Sua repercussão no jornalismo inglês, alheio às alucinações locais, sóbrio, como se sabe, em pontos de sentimentalismo, mas inclinado à retidão própria dos costumes jurídicos deste país, foi vasta e profunda.

A *Pall Mall Gazette* enuncia-se assim: "Segundo todas as informações, o capitão Dreyfus sofreu a provação mais dilaceradora a que se podia expor um homem de cuja sensibilidade moral ainda restasse alguma coisa, com um estoicismo antes conciliável com o sentimento da inocência do que com a consciência do crime". E, depois de considerar nas antecedências honrosas do condenado, conclui: "A ser assim, Dreyfus será um inocente, ou um louco".

O *Daily Graphic*, que ainda se não pronunciara a favor dele, remata hoje com estas ponderações: "As dúvidas existentes e francamente expressas fora da França na questão da criminalidade ou inocência de Dreyfus não sofrerão quebra, por certo, em presença da singular fortaleza com que o condenado padeceu o medonho castigo. A sua firme protestação de inculpabilidade tende naturalmente a suscitar a crença de algum erro cometido contra ele.".

Mas entre franceses não é lícito sequer pôr em dúvida o crime de Dreyfus: "Quem quer que deixasse transparecer, a esse respeito, a menor incerteza, ou denotasse o mais leve sentimento de comiseração, seria encarado com o mesmo horror e o mesmo ódio que o próprio traidor". Pleno arbítrio de negar a Deus, aluir a propriedade, santificar a comuna, divinizar Marat; mas obrigação estrita e universal de teimar e bater fé em como Dreyfus é o mais desprezível dos malfeitores. "Nisso se afincou o público desde o primeiro dia", escreve um correspondente inglês. "Criminoso de quê, esse criminoso? Ninguém o sabia; e, até hoje, ninguém, dentre o público, o sabe. Todavia, a existência da traição passou em julgado como fato indisputável." Onde o corpo de delito? Onde a identificação entre o seu autor e o acusado? Ninguém seria capaz de mostrá-lo. Ninguém viu o processo. Ninguém tem notícia de documentos ou depoimentos. Fala-se em um papel cuja letra se atribui ao condenado. Mas o que a esse propósito se conhece, por indiscrições publicadas no *Figaro*, é que, de cinco peritos ouvidos sobre o caráter da letra nesse escrito anônimo, se três reconhecem a de Dreyfus, dois sustentam o contrário.

Essa multidão espumante, que cercava, ameaçadora, a Escola Militar, bramindo insultos, assuadas e vozes de morte, que mais era, portanto, afinal, do que uma força violenta e cega, como os movimentos inconscientes da natureza física? Pela minha parte, não conheço excessos mais odiosos do que essas orgias públicas da massa irresponsável. Nada seria menos estimável, neste mundo, que a democracia, se a democracia fosse isso. Esses escândalos representam o pior desserviço à dignidade do povo e constituem o mais especioso argumento contra a sua autoridade. Não é sob tais formas que ele se há de mostrar digno da soberania cujo cetro as tendências da nossa época lhe reconhecem. Se o número não souber dar razão dos seus atos, se as maiorias não se legitimarem pela inteligência e pela justiça, o governo popular não será menos aviltante que o dos autocratas. Nem a invocação da pátria imprime a tais desvios fisionomia menos antipática. Mal honram a pátria as contorções de um patriotismo histérico, que vive a se superexcitar com a obsessão de traições, que julga de oitiva, fulmina por palpites e instiga os magistrados a prevaricarem, antepondo a popularidade à justiça.

Aqui, onde não chega o revérbero ardente do braseiro francês, ninguém compreende o encarniçamento da imprensa daquele país sobre o cadáver moral de Dreyfus. O governo excluiu da cerimônia os jornalistas estrangeiros, sob uma razão de decência. O pudor da França queria encerrar no círculo doméstico o aparato da ignomínia de um homem que vestia o glorioso uniforme do exército francês.

Entretanto, no dia imediato à execução, parecia ter-se posto a prêmio entre os jornais, como tema de concurso literário, a descrição do espetáculo, sobre cuja humilhante crueldade se tinha querido baixar o véu da vergonha, o mesmo véu que, ao menos por coerência, diz o *Standard*, devia ter coberto a execução de uma sentença cuja gestação se incubou às ocultas.

Não contentes, os diretores morais da opinião, naquela grande metrópole de tantas cruzadas humanitárias e liberais, encetaram uma campanha a que, se diz, vai ceder o governo, para se aditar aos sítios de degredo a Guiana Francesa, que oferece aos irritados pela benignidade da condenação de Dreyfus a segurança de uma polícia mais eficaz e um clima ainda mais funesto ao homem do que o da Nova Caledônia. Custa a compreender que interesse nacional possa haver, deveras, para a França em acumular sofrimentos sobre os restos de vida sobrenadantes àquele naufrágio. Nessa extrema descaridade parece haver alguma coisa da mutilação após o sacrifício, que, em certos estados bárbaros, assinalava os costumes penais, e revelar-se a *bête humaine*[2] acordando inesperadamente no homem civilizado. Pois em verdade ainda

---

2. Em francês, "besta humana". (N. E.)

haveria agonias que espremer daquela agonia? Para a lição moral, assim como para o efeito expiatório, a medida ainda teria muito que encher?

Como quer que seja, votar uma lei para agravar a miséria de um condenado seria singular novidade na história penal destes tempos. Nessa medida, adotada especial, senão expressamente, para sobrecarregar as consequências de uma sentença já proferida, ferindo um homem já esmagado, há uma intenção de vindicta individual, um caráter de rancor, um elemento retroativo, que as noções de direito cristão não tolerariam. Não importa que seja apenas trocar degredo por degredo. Se a nova localidade se elege, por ser mais áspera, mais inóspita, menos habitável do que as contempladas na lei sob que se proferiu o julgado, a alteração projetada seria, em substância, uma verdadeira revisão de sentença por ato legislativo, isto é, um mal dissimulado exemplo dessa retroatividade penal, que todas as legislações contemporâneas estigmatizam.[3]

---

3. Essa lei foi votada nas câmaras francesas um mês depois, e o *Journal dos Debats*, em editorial de 9 de fevereiro, exprimia-se assim a seu respeito:
"Ce n'est un secret pour personne que le projet de loi a été présenté, en vue d'un cas unique, à la suite de la condamnation prononcée contre l'ex-capitaine Dreyfus. Ce n'est pas assurément une trés bonne habitude que cele que

Se os oficiais que compunham o conselho de guerra dispusessem, na hipótese, da pena de morte, certamente, a meu ver, não hesitariam em pronunciá-la. Essa decisão, mais demente e mais heroica a um tempo, encerraria, ainda, para a classe a que pertencia o degradado, a vantagem de poupar--lhe, com a eliminação imediata dessa existência aviltada, o reflexo inevitável de vergonha destingido sobre os seus antigos companheiros de armas. Só um obstáculo insuperável na letra da lei poderia deter a mão aos juízes fardados, em cujo espírito a indignação e a piedade, de mãos dadas, deviam pleitear pela pena capital. O tribunal recuou, com efeito, ante disposições legislativas na sua opinião inelutáveis. O art. 76 do Código Penal consignava a morte como a pena reservada aos crimes da natureza do imputado a Dreyfus. Mas a constituição de 1848 aboliu a pena de morte nos delitos políticos, entre os quais se incluía a traição militar, e a lei de 8 de junho de 1850 fixou,

---

l'on prend d'improviser ainsi des loîs pour un faît spécial, pour ou contre un individu. Cette méthode de législation laisse infiniment à désirer.

[...] Mais on n'aurait pas pu édicter une loi désignant les iles du Salut comme lieu spécial de déportation pour les traitres, et appliquer cette loi à Dreyfus, sans créer une peine nouvelle avec effet rétroactif, et c'eût été une dérogation regrettable à un des principes essentiels de la législation".

para esses casos, o degredo com prisão perpétua numa fortaleza, acrescentando que as pessoas incursas nessa cominação
desfrutariam a liberdade compatível com a segurança neces-
sária à custódia dos condenados. Não me cabe apreciar o acerto, ou desacerto, do direito
francês neste ponto. Computando a traição militar entre os
delitos políticos, ele obedeceu à lógica de uma filantropia
cuja influência se assinalou no Brasil republicano por um
espécime curioso, na extinção absoluta da pena de morte por
estatuto constitucional, com reserva apenas das disposições
militares em tempo de guerra. Todos, aliás, conhecem o valor dessa barreira moral em certos países. Na França, porém,
os juízes de Dreyfus, apesar de homens de espada, a con-
sideraram inviolável. Se houvessem de pronunciar-se como
legisladores, o seu voto seria provavelmente diverso. Aquele
que taxar de excessiva a pena de fuzil, para o crime de que se
acusa Dreyfus, não poderia admiti-la para outro. Se há delito
equiparável ao parricídio, é esse, felizmente, não menos raro
do que o seu congênere. O oficial que entregou ao inimigo
os planos de defesa da pátria emparelha com o que vende
ao inimigo a vida dos seus camaradas. O opróbrio dessa in-
confidência suprema equivale ao da traição no campo. Um

soldado, um cidadão, não pode perpetrar atentado mais negro. Não há militar, não haveria talvez estadista, que não lhe cominasse resolutamente a última pena.

Uma coisa, porém, é fazer a lei; outra, executá-la. E os julgadores de Dreyfus, unânimes em condená-lo, acordaram com a mesma unanimidade no respeito ao seu papel de aplicadores da vontade escrita do legislador.

Na dignidade com que desempenharam essa grave magistratura, no império, que, a bem dela, exerceram sobre os seus próprios sentimentos e as paixões dos seus compatriotas, aqueles sete oficiais deram à opinião versátil e irritadiça do país um exemplo virtuoso. A França, porém, não se satisfez com a sentença. No sentir, porque, assim digamos, unânime de Paris, Dreyfus devia ter sido condenado à morte. Essa foi a voz das ruas, a da imprensa e a da tribuna. Os radicais trovejaram tempestades contra o governo e a situação social. O parlamento incendiou-se em uma cena de escândalo. O próprio elemento moderado teve que render o seu preito à força da corrente, propondo às câmaras, por órgão do governo, a cominação da pena extrema à espionagem em tempo de paz; como se a precipitação remediasse o caso julgado, ou se as reformas semeadas pelos furacões políticos na região do direito penal pudessem lançar raízes na consciência dos povos, e levantar-lhes a moralidade.

O *povo soberano*, os partidos e governos, entre as nações sem disciplina jurídica, estão sempre inclinados a reagir contra as instituições que se não dobram aos impulsos das maiorias e às exigências das ditaduras. A lei foi instituída exatamente para resistir a esses dois perigos, como um ponto de estabilidade superior aos caprichos e às flutuações da onda humana. Os magistrados foram postos especialmente para assegurar à lei um domínio tanto mais estrito; quanto mais extraordinárias forem as situações, mais formidáveis a soma de interesses e a força do poder alistadas contra ela. Mas há nações que a não toleram senão como instrumento dos tempos ordinários; e, se encontram nela obstáculo às suas preocupações, ou às suas fraquezas, vão buscar a salvação pública nos sofismas da conveniência mais flexível, a cuja sombra os impulsos instintivos da multidão, ou as aventuras irresponsáveis da autoridade, se legitimam sempre em nome da necessidade, da moral ou do patriotismo.

Não há mais odiosa iniquidade, alegam, do que passar pelas armas o conscrito cuja mão, sob o frenesi de um desvario momentâneo, se levantou contra o seu superior, e poupar a vida ao oficial, que, refletida e interessadamente, *atraiçoa a sua pátria, isto é, alia-se contra ela, ao estrangeiro.* Assim discorre a dialética, e assim raciocina o francês. Porque o francês não adverte em que a lei é a lei com todas as suas insuficiências, todas as suas desigualdades, todos os seus silogismos, e em que a observância dela é o caminho para a sua reforma, único remédio real aos seus defeitos, menos funestos, em todo caso, do que o arbítrio da razão humana, encarnada no número, no poder ou na força.

Certo, responde o inglês, no seu ponto de vista, que acabo de antecipar; certo que o crime de Dreyfus é tamanho, quanto o do pobre soldado, senão maior, muito maior. "Mas" (e aqui deixo falar um dos mais altos inspiradores da opinião no Reino Unido) "o caso é que a lei fixa a morte como a cominação adequada, numa espécie, não na outra; e os exércitos não se mantêm senão pela mais rígida aderência a leis inflexíveis. Se o capitão Dreyfus fosse fuzilado, nenhum oficial mais nunca se sentiria em segurança; porque, de futuro, qualquer outra lei, que tocasse a oficiais, poderia ser conculcada por uma explosão do sentimento público. Assim, por exemplo, a que legitimasse a repressão militar de movimentos sediciosos. Se a lei favorece em demasia os traidores, é modificarem a lei. A câmara francesa trata agora de converter em delito de pena capital a traição, ainda quando inspirada por motivos políticos. Pela nossa parte, não temos que objetar. Fuzilar, porém, o capitão Dreyfus em virtude de uma disposição retroativa seria extinguir esse sentimento de confiança na seriedade da lei, tão essencial à disciplina quanto a própria severidade".

Essas palavras são do *Spectator*, que representa, na Inglaterra, a mais fina flor da cultura jornalística e, ao mesmo tempo, o equilíbrio mais exato entre as opiniões moderadas.

A tendência, não sei se diga francesa, se latina, a condenar por impressões, a antecipar as sentenças, a se substituir aos juízes, e a ditar arestos aos tribunais, tomou, neste ominoso episódio, feições dignas de estudo no seu contraste com o sentir de aquém-Mancha.

Dias antes do julgamento, o correspondente do *Daily News* tinha com certo advogado francês um diálogo que mereceu reprodução integral em telegrama a essa folha, uma das mais influentes na política do país. "A opinião, hoje, nos tribunais", dizia o jurista, "é que Dreyfus, infelizmente, sairá absolvido". — "Por que infelizmente?" — "Porque é deplorável que esse canalha, desonra da França, não sofra o que merece".

— "Mas, supondo que o conselho de guerra o absolva, não acreditais na honestidade dos juízes?" — "Os juízes farão o seu dever; mas, se o absolverem, é porque não terão encontrado provas contra Dreyfus." — "Isso é claro", acudiu o jornalista. — "Mas o que eu quero dizer", retrucou o advogado, "é que, se não se acharem provas, será porque as autoridades as terão sonegado". — "Supondo, porém, a inocência de Dreyfus." — "Se ele fosse inocente, acreditais que haveria da parte de potências estrangeiras (da Alemanha e da Inglaterra) todo esse afã por exculpá-lo?" — "Mas deveras andam potências estrangeiras tão empenhadas na soltura de Dreyfus?" — "Ora, muito inocente sois em me fazer tal pergunta." — "Mas demos que assim seja: não é culpa de Dreyfus." – "Talvez não; mas o fato demonstra o seu crime."

E era um homem do foro, versado no hábito de lidar com as delicadas questões da prova judiciária, quem, de olhos fechados, fulminava essa condenação absoluta, num caso cuja prova, até hoje, não se conhece, e a cujo respeito ninguém, fora do círculo dos membros do tribunal condenador, pode afirmar sequer a existência de provas, dignas de tal nome.

O que nos deixa calcular ainda melhor a temeridade das prevenções, que agitam, neste assunto, a fibra doentia do patriotismo francês, é a mancomunação, em que se sonhou figurarem várias potências europeias como cointeressadas no escape de Dreyfus. À Alemanha coube naturalmente o primeiro quinhão na suspeita, que obrigou a embaixada do império em Paris a sair à imprensa, protestando pela sua inocência na culpa do acusado. As folhas inglesas deram-se os parabéns de que o vizinho deste lado da Mancha não fosse escolhido, para substituir, na posição de *scapegoat*, de bode expiatório, o inimigo de além-Reno. Não há dois meses que o *Figaro*, com a perspicácia de *vieux malin* que se lhe conhece, dava ao mundo a estupenda nova de que os *sportsmen* ingleses de primeira classe, os *blasés* das emoções da caça ao tigre, se tinham organizado em excursão venatória a Madagascar, com o intento de aproveitarem a expedição francesa contra os Hovas, para se exercitar no *Tir aux Français*. "Esse esporte de novo gênero, sem precedentes nos anais do mundo civilizado e, até, do mundo bárbaro, não é de todo novo" (acrescentava seriamente a folha parisiense) "para os nossos amáveis vizinhos da outra banda do canal. Ao que parece, já se entregaram a esse passatempo contra os nossos soldados dispersos em Tonquin e no Dahomey". E, no país mais morbidamente sensível ao ridículo, essa ridícula monstruosidade percorreu circunspectamente, como rebate dado ao sentimento nacional, toda a imprensa francesa, produzindo nos ânimos superexcitação tal que o governo teve de descer à necessidade de desmentir a grotesca atoarda. Ainda mais recentemente, não há duas semanas, creio eu, outro jornal francês contava, com o mesmo aprumo, a história do suborno recebido pelo senhor Clémenceau, do tesouro britânico, para advogar os interesses da Inglaterra no parlamento e na imprensa. O deputado francês viera em pessoa a Londres para embolsar ele mesmo a propina que *lord* Roseberry, o *premier* inglês, se dignou de ir entregar-lhe no Reform Club, em Pall Mall. O *Daily News* esfrega as mãos de que a Inglaterra evitasse o estigma no caso Dreyfus. Essa fortuna, diz ele, vem provavelmente de estar já transbordando a taça da nossa infâmia com a transação entre *lord* Roseberry e o senhor Clémenceau.

Não pode haver absurdo, já se vê, por descomunal e risível, que não encontre monção favorável na credulidade daquele país, quando a corda patriótica estremece em um desses períodos de vibração tão comuns ali desde 1870. Estranho fenômeno o da rapidez e intensidade, com que, em uma nação de gênio tão lúcido e qualidades tão fortes, esses desvarios emergem à tona da opinião agitada, assumindo às vezes a aparência das grandes vagas de tempestade.

Considerando nisso, o observador estrangeiro dificilmente poderá furtar-se a uma impressão de dúvida em face do caso Dreyfus. Esse homem estava condenado pela intuição geral dos seus compatriotas, antes de sê-lo pelo tribunal secreto que o julgou. Mas essa intuição ofereceria mais visos de solidez do que a que andou buscando entre as potências rivais da França outros tantos padrinhos e corréus do acusado?

A *St. James Gazette*, em um editorial sob o título de "*Traitor or victim?*", não vacilou em sugerir como perfeitamente possível a hipótese de uma injustiça na condenação de Dreyfus. "Não é mister", diz ela, "duvidar, um momento sequer, da honorabilidade dos oficiais que constituíram o tribunal. De boa mente, e sem a mínima reserva mental, os damos por tão honestos quanto os oficiais ingleses que funcionaram nos conselhos de guerra, a que foram submetidos os tripulantes e capitães do Anson e do Victoria. Mais não poderia dizer um inglês. E, todavia, não há quem, lendo as atas do processo nesses dois feitos, não concebesse as mais sérias desconfianças acerca da capacidade dos tribunais marciais como mecanismo fidedigno para a apuração da verdade. Um oficial e um *gentleman* não são necessariamente bons aquilatadores em questões de prova. E as circunstâncias em que se reuniu o conselho de guerra francês não favorecem a hipótese de que estivesse em condições de deliberar com toda a imparcialidade precisa".

Semanas antes do julgamento, o ministro da guerra qualificara de indubitável a culpabilidade do acusado. O general Mercier, na opinião dos seus próprios conterrâneos, não prima pela discrição; e "não seria absurdo supor que outros, além dele, no exército francês, tivessem formado juízo antes do processo". A arguição pertence, por sua natureza, ao número das que mais tendem a suscitar prevenções imediatas contra o acusado. Essas prevenções surgiriam naturalmente, ainda quando se não tivesse produzido a exaltação pública ateada pela declaração prematura do ministro da guerra. Nada perturba mais profundamente a serenidade aos homens públicos, na França, do que o receio de incorrer na taxa de tibieza patriótica. A influência exercida por esse temor era singularmente agravada, na espécie, pela presunção de ameaça à "defesa nacional". Quando a cólera francesa se acende ao grito irreflexivo *"Nous sommes trahis"*,[4] o incêndio lavra por todas as classes, poucos o evitam, e raros ousarão arrostá-lo. Os militares são, de mais a mais, especialmente suscetíveis neste particular. A imagem da Alemanha projetava sobre a questão o crepúsculo sinistro dos seus malefícios. O dever de hostilidade à velha inimiga acentuava-se em uma dessas nevroses, de que a mania da espionagem, tão comentada e já proverbial na imprensa inglesa, é outro sintoma peculiar. Dificilmente se conceberia, ainda em tribunais civis, o vigor de ânimo preciso para julgar com calma, na França, a causa de um francês suspeito de pactuar com alemães. Que não será, nos tribunais militares, em pleito de antemão sentenciado pela "opinião pública", e tratando-se, por cúmulo, de um acusado, em cujas veias circula sangue judaico?

O certo é que, valham o que valerem essas e outras interrogações, formuladas na imprensa inglesa, a cotação moral da sentença fulminatória contra Dreyfus ficará dependente sempre da confiança implícita que os membros do conselho de guerra e a unanimidade do seu *veredictum* inspirarem,

---

4. "Nós somos traídos." (N. E.)

mais ou menos imperfeitamente, a cada espírito. Sete oficiais superiores não podiam conchavar-se no crime de condenar um camarada inocente. A prova, que satisfez com igual plenitude aquelas sete consciências, devemos supor que satisfaria absolutamente a outras quaisquer, por mais provetas, exigentes e severas na liquidação da verdade judiciária. Mas se o crédito pessoal dos juízes e a confiança na sua capacidade profissional bastassem para dispensar a garantia suprema da justiça, a publicidade, o argumento, procederia com a mesma força em relação a todos os tribunais civis e militares, aos quais todos assiste a presunção de honra e competência; e, conseguintemente, o sigilo, a tradição medieva e bárbara, devia restabelecer-se como regra geral do processo. Rejeitar a conclusão, rigorosamente lógica, é confessar o vício da premissa. A clandestinidade do processo inquina de suspeita as decisões mais justas. Os tribunais mais ilustres dependem, para a sua respeitabilidade moral, da luz que derramam sobre o espírito público, do esclarecido assentimento, que neste conquistam.

Mas o segredo, no processo Dreyfus, é, talvez, consequência da sua origem. Segundo as notícias correntes na imprensa europeia, dentro e fora da França, todo o edifício da acusação assentava em um documento subtraído a uma legação estrangeira. Divulgá-lo seria arriscar, a um tempo, a segurança do país e a honorabilidade da acusação. Confessar a subtração era colocar-se mal, para vindicar a honra da nação, e dar ao exército, na condenação do acusado, uma lição de honra. Resta saber se a contradição moral envolvida nesse proceder não é antes uma homenagem às paixões intolerantes do que um serviço à justiça pacificadora.

Como quer que seja, na Inglaterra a forma inquisitória dada na França a esse julgamento seria hoje impossível. O *Times*, a tradição viva desse país, exprimiu o sentimento inglês sobre o assunto num artigo memorável. Não sei resistir ao prazer de transcrever-lhe os trechos capitais. Fa-lo-ei porque, além de tudo, nenhum país necessita mais de lições como esta do que o Brasil destes dias.

"Quando entramos a considerar nas circunstâncias do processo", diz ele, "não podemos acabar conosco ocultar o nosso espanto, ao vermos o modo positivo como, em Paris, vulgo e imprensa dão por incontroversa a criminalidade do acusado. Asseveram-nos que a opinião pública e os periódicos aprovam unanimemente o *veredictum* do conselho de guerra. Mas o processo correu a portas fechadas, e o público parisiense, portanto, absolutamente não pode ter fundado a sua aquiescência no conhecimento dos fatos, em que assentou a condenação. Ao instaurar-se o processo, a semana passada, o acusador por parte do governo reclamou que a investigação se fizesse em segredo. A regra geral em vigor nos tribunais militares, na França, fulmina de nulidade os processos que se não celebrarem publicamente; mas reserva aos juízes o arbítrio de estabelecer o sigilo, nos casos em que a publicidade lhes pareça envolver risco para a moral, ou para a ordem. Assim se resolveu na espécie do capitão Dreyfus. O seu advogado, madame Démange, lavrou protesto e tentou arguir o ponto. Mas cortaram-lhe peremptoriamente a palavra. Qual seja, o documento a que ele aludiu como o único esteio da acusação, e porque reputaram necessário ocultar-lhe o caráter e a origem, questões são estas que a resolução do tribunal deixou à mercê das conjecturas públicas. É voz que o documento ou os documentos subtraídos pelo capitão Dreyfus tinham sido comunicados por ele à embaixada alemã, e que desta se retiraram por outro ardil do mesmo gênero. Mas, apesar de terem sido secretos os trabalhos do conselho de guerra, foram dados a lume os nomes das testemunhas, e deste modo se sabe que nem de uma nem da outra parte se citou a juízo ninguém da embaixada alemã, ou de outra qualquer legação estrangeira.

Não queremos censurar o melindre do povo francês a propósito de infrações que envolvem não só a segurança de uma grande potência militar, senão também a santidade de deveres particularmente imperiosos para o soldado. Contudo, não podemos deixar de refletir que, quanto mais odioso e impopular for um crime, tanto mais de preceito é que a sua verificação e o seu castigo se rodeiem de todas as salvaguardas da justiça pública. E delas a mais indispensável é a publicidade.

Na Inglaterra, seria impossível admitir a uma agregação de oficiais, fossem quais fossem, o direito de julgar a portas cerradas uma querela suscetível de resolver-se em penas infamantes, mais aniquiladoras, por assim dizer, para um homem de honra, do que a própria morte.

Em verdade, a prevalecer o aresto desentranhado agora dos piores dias da revolução e do absolutismo napoleônico, não há motivo para não se deliberarem nas mesmas condições, a portas fechadas, sentenças capitais, sob o pretexto, cujo árbitro absoluto ficaria sendo o próprio tribunal, de que a ordem periclitaria com a publicidade.

Pode haver, bem se compreende, importantes documentos militares, tais quais os que se dizem desviados pelo capitão Dreyfus, cuja natureza dite às autoridades prepostas ao serviço da guerra a conveniência de obstar-lhes a ventilação pública do conteúdo. Mas nada mais fácil a qualquer tribunal do que discutir a identidade desses documentos e tratar a questão do seu extravio criminoso, ou da sua apreensão ilegítima, sem consentir, entretanto, em que a sua matéria transpire. Do que se praticou no processo Dreyfus, a parte censurável não está em se encobrir ao público o teor dos papéis, que se averbam de furtados, senão, sim, em condenar o réu sem a comprovação, em tribunal aberto e mediante depoimentos solenes, de que o acusado foi realmente o autor do furto.

Os membros do conselho de guerra eram, não há dúvida, homens de bem, cujo empenho se cifrava em fazer justiça. Mas, por outro lado, não podemos esquecer que o caráter da imputação, de que se fazia cargo ao capitão Dreyfus, devia, pela sua índole, predispor contra ele o espírito do exército, bem como o do povo, e que o único amparo contra essa influência havia de estar na publicidade assegurada aos argumentos da defesa e à inquirição das testemunhas. Além de quê, é para temer que a propaganda antissemítica, acesa na França, avivasse a hostilidade contra o capitão Dreyfus, membro de uma família hebreia bem conhecida, e a favor de quem um homônimo, o grande rabino da França, foi nomeado testemunha. A presunção é, certamente, que a sentença do conselho de guerra obedeceu à prova confidenciada exclusivamente a esse tribunal. Mas as condições do sigilo infelizmente imposto ao processo geram dúvidas que, no caso de arguição tão grave, associada a penas severas e oprobriosas, não deviam ficar indecisas. Se importa ao povo francês guardar os segredos da administração da guerra, *infinitamente mais importante é, para ele, preservar, nas suas instituições, a justiça pública da suspeita sequer de iniquidade, ou subserviência às correntes da paixão popular.*".

Esse hábito de colocar os direitos permanentes da justiça em altura inacessível às conveniências do governo, às crises da política, ao clamor dos tormentos populares é a virtude cardeal da Inglaterra. Todas as opiniões e todos os partidos, aqui, estão unificados no sentimento inerradicável dessa necessidade.

Essa unanimidade, perpetuada através de todas as situações, nos dias prósperos e nos dias calamitosos, infundiu ao indivíduo uma confiança absoluta na ordem social, e apoiou solidamente nessa confiança o interesse comum; de modo que o povo mais individualista da terra é, ao mesmo tempo, aquele onde mais desenvolvida se acha a consciência ativa da solidariedade humana e da coesão nacional. Graças a essa estabilidade e a essa soberania do princípio jurídico, dominando todas as esferas da vida coletiva como a lei a que todas as outras leis se subordinam, é que a Inglaterra descreve, entre as outras nações, essa longa órbita de paz, cuja curva majestosa ainda está por medir.

Outros povos, muito menos confiantes na justiça, têm nela apenas um frágil teto de vime artístico para os dias tranquilos e azuis, devassado, roto e lançado ao chão pela primeira borrasca que desce do céu. Esses, quando os ventos maus lhes toldam o horizonte, dão-se pressa em abandonar as garantias do direito, como os primeiros esteios ameaçados, para ir pedir ao empirismo dos políticos sem convicções, ou à estrela dos déspotas sem escrúpulos, a panaceia miraculosa, ou o signo salvador. E então os mais desacreditados instrumentos da arte de oprimir, os golpes de autoridade, os tribunais de exceção, as justiças secretas se preconizam em novidades salutares, e dominam sem freio, ora em nome das leis, sofismadas mais ou menos capciosamente sob color do bem público, ora em nome do bem público, declaradamente sobreposto às leis. Essas nações, fadadas ao cativeiro alternativo da anarquia e da ditadura, cuidam fugir da desordem evocando o arbítrio, e não fazem mais do que oscilar periodicamente entre a agitação demagógica e a inércia servil. É para elas que se imortalizou a frase de Sieyès: "Não sabem ser justos, e querem ser livres!".

Afortunada condição, a todos os respeitos e insular no meio do mundo contemporâneo, a deste país! As suas antigas liberdades, as mais veneráveis da terra, desafiam intempéries e perigos, abrigadas à toga dos seus juízes, como as crenças austeras do seu culto sob o mármore das suas velhas catedrais.

"Com que palavras poderemos deplorar assaz o infortúnio de viver sob um governo como o nosso?", dizia, sob Luiz XVI, uma amiga de Turgot.[5] "Fraca e desditosa criatura como sou, eu preferiria, contudo, a sorte do mais insignificante membro da nação inglesa à de soberano da Prússia."

---

5. Mademoiselle de L'Espinasse. Apud Lady Blennerhasset: Madame de Stael (trad. ingl. Londres: 1889), vol. I. p. 70.

Quantas vezes, aqui, o forasteiro experimentado nas misérias da impostura das formas liberais nos nossos tempos, sob as democracias mais pretensiosas, não será levado a fazer, em relação a elas, com a república do Reino Unido, o mesmo confronto que *mademoiselle* de l'Espinasse, nos fins do século XVIII, em relação à monarquia francesa, e volver os olhos, com a mesma inveja, para este torrão tranquilo, onde amadurecem, na paz e na liberdade, para uma raça privilegiada, os frutos dourados da justiça!

Este livro foi impresso pela Rettec Artes Gráficas e Editora
em fonte Minion Pro sobre papel Pólen Bold 90 g/m²
para a Edipro no inverno de 2020.